COMO AHORRAR DINERO

Tabla de Contenidos

¿Sientes que te es imposible ahorrar dinero por más que tratas?

¿Te gustaría tener más ahorros?

¿Te angustia la idea de que surja algo inesperado y no tener cómo hacerle frente?

Pues no estás solo (a).

Para la mayoría de las personas es muy difícil o casi imposible poder ahorrar dinero.

Se sienten incapaces de ahorrar.

¿Te ha sucedido que:

- intentas ahorrar y no puedes por qué siempre sale algún gasto imprevisto?
- el dinero se te va y vuela todo tu sueldo rápidamente?
- tienes demasiados pagos y responsabilidades que te dejan al final sin un centavo?
- sientes que no sabes a dónde se va tu dinero?
- te cuesta resistir la tentación de comprar algo, darte un gusto o gastar en un capricho?
- logras ahorrar algo, pero al mes siguiente te lo gastas?

Si la respuesta es sí a alguno de esos supuestos, ¡este libro te será de gran ayuda!

Frecuentemente, las personas tienen que hacer peripecias para que la economía no los ahogue, y por este tema hasta terminan teniendo discusiones con sus parejas.

No puedes permitir que siga pasando el tiempo y la situación continúe así,

ya que...

Es muy difícil vivir en paz cuando se siente miedo de que salga algo inesperado y no sepas qué hacer por no estar preparado (a) financieramente.

Para muchos, no controlar esta situación a tiempo termina en muchos agravantes como:

- Caer en endeudamiento
- No poder cumplir con los compromisos, lo que resulta en la suspensión de servicios básicos y problemas familiares
- Vivir con un constante estrés, ansiedad y sentimiento de inseguridad

Yo mismo pasé por todas estas contrariedades y es lo que me motivó escribir este libro, para evitarte todo el dolor y el estrés que significa vivir de esta manera.

¡Ya basta de que al final del mes no te quede nada!

Aplicar los métodos para ahorrar dinero de este libro te ayudará a:

- Tener más tranquilidad
- Incrementar constantemente la cantidad de dinero que ahorras
- Desarrollar una reserva de dinero para afrontar imprevistos en tu vida

Y mucho más.

Sí es posible solucionar la falta de ahorro, lo que te va a permitir disfrutar responsablemente de:

- Tus merecidas vacaciones
- Poder salir, ir a comer algo o darte un capricho de vez en cuando
- Comprarte la ropa, calzado y accesorios que necesites
- Tener un buen auto confiable
- Poder ayudar a tus seres queridos, etc.

sin terminar con un sentimiento de culpa.

Te felicito por haber tomado acción.

Las herramientas en este libro, bien aplicadas, te ayudarán a cambiar esta área de tu vida.

Importante:

Antes de comenzar, te invito a que visites esta página:

www.alcanzatussuenos.com/ahorro

Ahí encontrarás material muy importante que complementa este libro.

Solo ingresa tus datos y tendrás acceso al primer video, que tiene nociones imprescindibles.

También te permitirá recibir actualizaciones de este material en la comodidad de tu correo electrónico.

Cómo ahorrar dinero

Muchas personas creen que tener éxito con el dinero solo se trata de tener suerte, pegarle a la lotería, poseer algún talento artístico/deportivo o nacer dentro de una familia adinerada. Influenciados por estas premisas, se conforman y andan por la vida cabizbajos soñando con lo que otros tienen, convencidos de que nunca lo podrán alcanzar.

Pero,

¿Qué pensarías si te decimos que no es así?

La verdad es que existen millones de personas en el mundo que han amasado una gran fortuna por ellos mismo y a costa de muchísimo esfuerzo. Es increíble conocer las historias de muchas personas que hoy son ricas, te sorprendería saber que muchas de ellas alguna vez pasaron por un sinfín de necesidades y sintieron las preocupaciones que sientes tú en este momento.

No se trata de suerte o de una bendición caída del cielo, se trata más bien del esfuerzo que imprimes en tus acciones y el enfoque que le des a cada meta. En este libro intentaremos darte algunas luces sobre cómo tener el control total de tu dinero, cómo encontrar la mejor manera de ahorrar, revelaremos cuáles son las mentiras que siempre te han hecho creer sobre las finanzas y, por supuesto, cómo alcanzar aquellas metas que tanto deseas.

Sabemos que quizás te sientas desanimado y perturbado por la crisis o la inestabilidad económica que se esparce como un voraz virus por muchos lugares del mundo hoy en día, pero conseguir el éxito en cualquier aspecto de la vida no depende al 100 por ciento de las circunstancias que te rodean, sino de cómo enfrentas las adversidades que se atraviesan en tu camino.

Recuerda que la vida es como estar en el mar: si te plantas frente a una ola quizás te aplaste y te hunda al fondo del océano, pero en cambio, si descubres la manera de surfearla puedes llegar a la cima y disfrutar de las mieles que te ofrece esta posición.

Pasos para tomar control de tu dinero

1. Seguimiento del ingreso y egreso

Hacer un seguimiento minucioso de tus ingresos y priorizar aquellas cosas que más renta económica te generan es vital para convertirte en una persona exitosa.

Es decir, si tienes un trabajo que aporta dinero a tus finanzas o un negocio, incluso si tienes ambos a la vez, debes dedicarle el mayor tiempo posible para que tu trabajo y negocio mantengan la calidad y te generen todos los meses la misma cantidad de dinero o más.

Cuídate de los tiempos en que percibes alguna variación negativa en tus ingresos, eso quiere decir que algo va mal y quizás tengas que innovar o cambiar un poco la manera en que vienes desempeñándote.

Por otro lado, la mejor manera de manejar tus egresos es nutrirte de toda la información posible sobre a dónde va tu dinero, pensando siempre en que si el dinero que das es una inversión, un derroche o, peor aún, una estafa.

Es importante que sepas si los gastos que haces están aportando alguna mejora real para ti mismo y tu entorno o, por el contrario, simplemente estás derrochando el dinero en cosas innecesarias.

Una buena manera de no gastar innecesariamente tu dinero es haciéndote estas sencillas preguntas cada vez que sientas el impulso de adquirir algo.

Es importante que seas honesto con tus respuestas:

1. ¿Qué aportará esto a mi vida?
2. ¿Sin esto no puedo vivir?
3. ¿A mediano o largo plazo esto traerá alguna ganancia o beneficio?

En definitiva, conocer el monto total de tus ingresos y egresos te ayudará a mantenerte fuera de las deudas impagables y lejos del radar de cobradores malvados e insistentes que intentarán poner de cuadritos tu vida.

¡Eso sí que es un alivio!

2.   Cero deudas

Cuando se toma la determinación de ahorrar, lo más sano es que primero canceles todas tus deudas pendientes.

De nada sirve que comiences a crear un fondo de ahorro si constantemente vas a ir sacándole dinero para pagar aquellas cuentas que no recordabas o aquellas que no tenías suficiente dinero para cancelarlas de inmediato.

Haz una lista con las deudas que tengas acumuladas de menor a mayor, es decir, comienza con la deuda más baja en monto y ve subiendo hasta que llegues a la de mayor monto. Es importante que las hagas en este orden para que se te haga más fácil cancelarlas y salir de ellas.

Si te preguntaran…

¿Qué quisieras pagar primero, la tarjeta de crédito o el automóvil?

Deberías pensar en pagar las tarjetas de crédito porque si no tienes suficiente dinero para vivir no creo que tengas el monto total del costo de vehículo disponible para pagarlo de una vez, pero, muy probablemente, sí tengas el dinero para ir cancelando las deudas de tus tarjetas.

Con esta manera de cancelar las deudas buscamos eliminar las más pequeñas para ir concentrándonos en pagar las más grandes. Si solo te enfocas en la deuda grande es probable que te paralices pensando solamente en cómo pagarla y seguramente descuides las de menor monto creyendo que las puedes cancelar en cualquier momento.

Lo negativo de concentrarse en algo que aún no podemos lograr es que descuidamos aquello en lo que sí podemos influir y, si se trata de dinero, posiblemente esas deudas pequeñas que tengas se conviertan en grandes por todo el tiempo que gastaste pensando en buscarle solución a la cuenta más difícil.

Este es un ejercicio que te ayudará a priorizar e ir sacando de la lista esas deudas que obstaculizan que comiences a ahorrar y tener control de tu dinero. La única deuda grande que debes pagar antes que las pequeñas es la que represente alguna emergencia real.

Algunos ejemplos que pueden convertirse en gastos de emergencias reales pueden ser:

- consultas y exámenes médicos para ti o un familiar que se encuentre en una situación grave

- pagos de servicios funerarios; reparación del hogar, tales como paredes agrietadas o con filtración, escaleras rotas, tuberías obstruidas o algún electrodoméstico dañado que sea importante para vivir, tales como la nevera o la cocina.

3. **Respaldo económico**

Una mala idea es vivir gastando todo lo que se gana mes a mes. Si te sientes identificado con esta descripción, anímate a hacer un esfuerzo para ahorrar y crear un respaldo económico.

Este tipo de respaldo no es más que una capa financiera que te protegerá de cualquier imprevisto. Para crearlo es importante que evalúes las alternativas que tienes para generar dinero extra que destines a guardar.

Para comenzar a construir tu respaldo económico pregúntate lo siguiente:

1. ¿Podría tener un segundo trabajo?
2. ¿Podría hacer horas extras en mi trabajo actual?
3. ¿Podría comenzar un nuevo negocio?

Otra forma de poder ahorrar dinero para tu plan de respaldo económico es buscar ofertas y abstenerte de comprar aquello que en realidad no necesitas. Replantéate cómo puedes hacer tu rutina diaria con menos dinero del usual.

Quizás reducir el uso del transporte y caminar más sea una buena opción, hacer ejercicios al aire libre en vez de pagar costosos gimnasios o comer comida casera en vez de ir a restaurantes.

4. **No te dejes llevar por tus deseos**

Si te falta el dinero, considera tus necesidades por encima de tus deseos. Las necesidades van más orientadas a garantizar elementos básicos para vivir como vivienda, comida, agua, luz y ropa.

Esto no quiere decir que te tengas que amoldar a estas condiciones extremas a lo largo de tu vida, pero si necesitas recortar tus egresos, es bueno que reduzcas lo más que puedas los gastos que no tengan que ver con tus necesidades básicas.

Los deseos son todo lo demás que, si bien aportan comodidad y bienestar a tu vida, no son imprescindibles para existir. Piensa si de verdad necesitas aquel carro del año que tanto sueñas o aquella casa tan grande, el mejor plan para celular o internet o aquel vestido que sabes que solo usarás en contadas ocasiones.

De nuevo, la clave es ser honesto contigo mismo. Recuerda que tus deseos se materializarán en la medida en que puedas costearlos, si tienes suficiente dinero para hacer realidad todos tus deseos, hazlo; si no, busca la manera de tomar control consciente sobre tus finanzas.

5. **Habla de dinero con tu pareja**

Si te encuentras en una relación estable probablemente tienen objetivos comunes que desean realizar partiendo del dinero que dispongan ambos.

Lo más sano es discutir en qué desean invertir el dinero para el bienestar de ambos; unas buenas preguntas para discutir en pareja podrían ser:

¿Es necesario para nosotros comprar una casa?

¿Necesitamos un carro?

¿Quisiéramos hacer un viaje?

¿La casa necesita alguna remodelación?

¿Los hijos necesitan alguna cosa para mejorar su calidad de vida?

Para establecer objetivos reales y beneficiosos lo más recomendables es que hablen de sus ingresos y egresos de forma abierta, suprimiendo lo más posible los secretos. Si tienen cuentas en conjunto es importante que seas consciente de que todos los movimientos monetarios que realizas, bien sean ingresos o egresos, afecta o afectará a tu pareja.

Por ejemplo, si tú y tu pareja no ahorran de manera responsable, puede que alguno de los dos caiga en una deuda inesperada que no podrán pagar; puede ser que alguno de los dos se quede sin empleo y el otro tenga que dar la cara por el gasto de ambos o el de toda la familia.

Planear el éxito económico también conlleva que consideres a las personas que tienes a tu alrededor y más si es con quien compartes el día a día.

6. Haz un fondo de emergencia

A veces la vida nos trae sorpresas desagradables que podremos superar en la medida en que estemos preparados económicamente. Por ejemplo, durante una situación de enfermedad, desempleo, reparación de algún bien propio, etc. es importante que contemos con ese fondo económico para salir adelante.

En este sentido, lo más recomendable es que te plantees comenzar a crear un fondo de emergencia que al menos sea el equivalente a seis meses de tu ingreso mensual, puede ser mucho más, todo dependerá de tus posibilidades. Si no cuentas con un fondo de emergencias ahora, enfócate en gastar solo lo necesario para que te quede dinero extra que puedas destinar a este fondo.

Para comenzar destina al menos el equivalente a lo que ganes en dos semanas en efectivo. Es importante que este dinero lo tengas a mano porque precisamente se trata de atender emergencias y no queremos que gastes tiempo yendo al banco para sacar dinero en un momento tan delicado y que exige que te muevas lo más pronto posible.

Si aún no tienes este monto mínimo enfócate en ahorrarlo. No te sientas mal porque todavía no tengas este dinero para comenzar, lo importante es que no pierdas la voluntad y la convicción de lograrlo. Recuerda que para lograr cada gran meta es necesario que te enfoques en cada pequeño paso que te permitirá avanzar.

Cuando tengas este dinero o el fondo de los 6 meses, no lo toques. Sí bien este dinero debe estar de manera accesible para cuando tengas una emergencia, no lo guardes en tu cartera o en la cuenta bancaria que usas para pagar usualmente tus deudas. Una buena idea es guardarlo en el armario, en una gaveta o en una cuenta bancaria que no esté asociada con ningún pago automático o tarjeta.

Este fondo solo debe ser usado para emergencias reales que te saquen de aprietos graves porque, al gastarlo, debes recordar que tienes que ahorrarlo de nuevo lo más pronto posible.

No utilices este dinero para pagar la inicial de una casa o cualquier otro bien. Muchas personas han cometido el error de adquirir una propiedad a través de este fondo y al cabo de poco tiempo han tenido que vender su casa o lo que sea que hayan comprado para costear los gastos de un accidente, una enfermedad repentina, una reparación de envergadura, etc.

7. Define tus objetivos de ahorro

Para comenzar el camino del ahorro lo primero que tienes que saber es cuánto te costará aquello que deseas adquirir.

En función de ese monto planea cuánto dinero debes dejar de lado al mes para poder alcanzar esa meta poco a poco. Comienza definiendo los gastos mensuales que tienes y el excedente que te queda para sumarlo a tu plan de ahorro; si no te queda ningún excedente es hora de que empieces a reducir gastos o buscar la manera de que entre más dinero.

En este paso es vital el enfoque en el camino hacia la meta, piensa y prioriza todos los pasos, diligencias o sacrificios que debes hacer para alcanzar tu meta. Ahora no te rebanes los sesos pensando en el logro de la meta final, enfócate mejor en los pasos previos que te conducirán hacia ese objetivo tan deseado.

Por ejemplo, mucha gente tiene como objetivo independizarse y obtener una casa propia y piensan constantemente en lo maravillosa que sería su vida si ya estuvieran en esa casa.

Pero, cuando dejan de soñar despiertos, se topan con la triste realidad de que no tienen ni un centavo para comprar aquella casa y la depresión los lleva a la parálisis.

Lo mejor en este caso es que la persona se sacuda la depresión, evalúe las alternativas que tiene para ahorrar y se enfoque en la realización de pequeños objetivos que la conduzcan a esa gran meta, en este caso comprar una casa propia.

¡Paso a paso se va lejos!

8. Piensa en tu futuro y en el de los tuyos

Dentro de tus objetivos de ahorro deben estar siempre tu tranquilidad y estabilidad futura y el de tu familia. Después de que concretes la manera en que lograrás tus metas a mediano plazo, como la compra de una casa, un negocio, un automóvil, un viaje, etc., debes pensar también en ahorrar para cuando ya no seas tan joven como ahora.

Quizás no hayas considerado eso porque piensas que tus hijos o el gobierno te ayudarán a mantenerte durante tus años dorados, pero no te confíes. Pueden pasar muchas cosas de aquí a que envejezcas y puede que tus hijos no estén o no puedan ayudarte económicamente.

Muchas personas se confían pensando que gracias al seguro social que has estado pagando en tus años de productividad, el gobierno te dará una pensión que permitirá que vivas tu vejez cómodamente. Pero la realidad es que esto rara vez sucede, y si obtienes alguna ayuda monetaria en esos años no te alcanzará para tener la vida que mereces. Así que trabaja por tu tranquilidad futura ahora.

La manera más sencilla de hacerlo es que destines el 15 por ciento de tu ingreso anual para un fondo de jubilación.

Mientras piensas en tu futuro, también debes pensar en el de tus hijos. Todo padre y madre desea que vayan a la universidad, finalicen una carrera y sean económicamente independientes. Pues esto les será mucho mas difícil sin tu apoyo.

Tú eres el responsable de crear un fondo universitario que garantice educación profesional a tus hijos. Pero no te deje engañar por las universidades más caras del país, ya que los egresados de universidades costosísimas también corren el riesgo de experimentar dificultades para conseguir trabajo.

El título universitario no le asegurará a tu hijo que consiga un trabajo exitoso; en consecuencia, comienza a buscar las universidades que están a tu alcance y conoce el costo de la matricula anual para tener una idea de cuánto debes ahorrar antes de que tu hijo culmine la secundaria.

Crea tu propio presupuesto y libérate de preocupaciones

Un presupuesto no es más que una planificación financiera que tiene en cuenta dos elementos importantes: cuánto dinero tienes y cuánto debes gastar basado en el bien o servicio que desees obtener.

Para hacer un presupuesto es importante establecer el objetivo que se desea lograr evaluando cuánto costará y si contamos con la cantidad de dinero suficiente para cubrir el costo del objetivo.

Un buen presupuesto también te ayudará mantener un registro de tus ganancias, gastos y ahorros.

Es importante tener en cuenta que cuando se hace un presupuesto, los objetivos pueden sufrir alteraciones y hasta cambiar radicalmente para amoldarse a la cantidad de dinero disponible o alcanzable.

Planificar un presupuesto contiene mucho de aquello que llaman "sentido común", pero a la hora de hablar de dinero a veces es complicado hacer predicciones reales que se ajusten a lo que queremos y realmente necesitamos, si no tienes algún conocimiento básico.

Dependiendo del objetivo que deseas lograr, la planificación de un presupuesto no debe llevarte más de una hora al mes. Si debes considerar variables que aún no se han concretado, te recomendamos que dediques solo 15 minutos a la semana para planificar un presupuesto lo más cercano a la realidad posible y a tus necesidades.

Si no has hecho un presupuesto anteriormente, te puede resultar un poco estresante al principio, pero no te desmotives. La práctica hace al maestro.

Pasos para crear un presupuesto exitoso:

1. Busca lápiz y papel o toma nota directamente en tu computadora; no funcionará si pretendes crear un presupuesto en tu mente.
2. Anota todas tus prioridades de gasto (y las de tu familia si no vives solo), tales como gastos del hogar, comida, medicina, ropa y transporte.
3. Suma todos tus ingresos de dinero mensual.
4. Suma todos tus egresos de dinero mensual determinados por tu lista de prioridades. Los egresos pueden variar significativamente de un mes a otro, así que lo más recomendable es que tomes la información de los últimos tres meses y hagas un promedio de cada partida.
5. Resta el monto de tus egresos de tus ingresos para determinar con cuánto dinero cuentas realmente.
6. Evalúa si te es posible adquirir el bien o servicio deseado con el dinero que actualmente tienes sin que ello implique un riesgo o una quiebra económica para ti y tu familia.
7. Investiga varias opciones existentes en el mercado, quizás encuentres una alternativa más económica.
8. Si no cuentas con el dinero aún, comienza un plan exhaustivo de ahorro.
9. Después de un mes de ahorro, determina cuánto dinero te queda para guardar.
10. Establece cuánto dinero puedes ahorrar dentro de un lapso de tiempo determinado por ti (6 meses, un año, dos años, etc.) y continúa el plan de ahorro hasta que tengas suficiente dinero para adquirir lo que necesitas.

Nota: En lo personal, una de las cosas que me causo mucho estrés al hacer mis presupuestos, fue el darme cuenta que mis ingresos eran menores que mis egresos o gastos.

Si te llega a suceder esto, no te preocupes. Es una etapa que tienes que atravesar. El estrés de darte cuenta de esto, te obligará a buscar y crear soluciones para reducir tus gastos y aumentar tus ingresos.

Usa este ejercicio como una oportunidad de crear y modificar los viejos patrones que ya no te ayudan.

Beneficios de contar con un presupuesto

1. Cero estrés

Para casi cualquier cosa en la vida, la planificación reduce el estrés, y mucho más cuando se trata de temas económicos. Contar con un presupuesto ya planificado te garantizará tranquilidad porque a última hora no lidiarás con gastos imprevistos que descuadren por completo tus finanzas.

El presupuesto te permite conocer cuánto dinero exactamente tienes y cuánto eres capaz de gastar, sin titubeos ni dudas. Te permite ser una persona visionaria y sabia porque te facilitará ver por adelantado el dinero que puedes gastar para el objetivo que te propongas sin que haya manera de endeudarte.

2. Buena reputación crediticia

Al contar con un presupuesto es poco probable que te excedas en los gastos y te involucres en cuentas que no puedes pagar.

Ser una persona solvente y responsables con el pago de las deudas de la tarjeta de crédito hace que los bancos mejoren el ranking de tu reputación y te consideren un cliente exitoso merecedor de todos sus beneficios.

Recuerda que el banco está atento a las cuentas que puedes pagar, así que solo involúcrate en deudas que no te lleven mucho tiempo cancelar. Abonar solo el pago mínimo a tus tarjetas no te crea una buena reputación.

3. Te acerca a la realidad

La creación de un presupuesto supone de ti un trabajo de investigación y rastreo importante, pues tienes que buscar la mejor opción disponible y te obliga a mantenerte alerta sobre a dónde va tu dinero. Las personas que no saben cuánto valen las cosas y no tienen un registro consiente de sus gastos muy fácilmente perderán su dinero sin darse cuenta.

4. Garantiza tus necesidades

Básicamente, los presupuestos se crean priorizando necesidades e intereses personales lo más ajustado a la realidad posible, así que a través de él todas tus necesidades básicas quedarán cubiertas ahora y en el futuro.

5. Te empuja hacia tus metas

Difícilmente las personas que no planifican un presupuesto pueden lograr a cabalidad sus metas. Poner orden, aplicar una estrategia de ahorro y establecer plazos de tiempo a tus finanzas hace mucho más fácil el camino hacia aquello que tanto anhelas.

Ahorrar dinero no es tan complicado

Evita las deudas impagables

La manera más sencilla de ahorrar es evitar gastar más dinero del que obtienes, es una regla de oro que toda persona exitosa en sus finanzas conoce y pone en práctica. Aléjate lo más que puedas de las deudas que sepas que no puedes pagar o que te tardarás una eternidad en cancelarlas.

Mantener una gran deuda que no puedes cancelar de inmediato es un círculo vicioso que resta tus ahorros y te empobrece.

Hoy en día, hay muchas empresas y bancos que ofrecen créditos como la solución a tus problemas y la manera menos dolorosa para adquirir algún bien o servicio, pero lo que no te dicen es que los intereses de estos préstamos se convertirán en las pirañas de tus ahorros. A veces, estas instituciones están más felices de recibir de ti un interés mensual que el pago total de tu deuda.

A menudo adquirir un bien o servicio a través de esta modalidad hace que pagues dos y tres veces más de lo que te costaría de contado. Esta situación obviamente no contribuye a que puedas ahorrar ni invertir ese dinero excedente en cosas más productivas para ti.

Una mala idea es mantener las tarjetas de crédito al tope y solo cancelar sus pagos mínimos, ya que el banco asignará un interés que deberás pagar fuera de la deuda inicial hasta que la canceles totalmente. Entonces, lo adquirido te saldrá mucho más costoso que el precio que aceptaste pagar al principio.

Mucha gente acepta este tipo de deudas sin medir el impacto negativo que le acarreará a su situación monetaria, sin pensar en que en el futuro puede pasar algo que no le permita continuar pagando la deuda. La mayoría de la gente que cae en esta trampa es la que compra a crédito costosos artículos del hogar, ropa, viajes, vehículos, entre otros elementos innecesarios que no son vitales para vivir.

No te dejes guiar por el qué dirán

Muchos compran cosas para complacer o impresionar a los demás. Estamos en una sociedad muy competitiva que nos dice que mientras tengamos la última versión del teléfono celular, el auto del año y la ropa de moda seremos más queridos y considerados que el resto.

Somos brutalmente bombardeados por publicidad que nos incita a comprar todo lo que vemos, y nadie nos invita a preguntarnos si realmente lo necesitamos. No te dejes engañar por quienes trabajan arduamente para convencerte de que algún bien o servicio es esencial para tu vida cuando en realidad no lo es. Ellos solo están pensando en cómo quitarte tu dinero fácilmente.

Esta concepción, además de arruinarte, es falsa. Aprende a decir "No lo necesito" a todo aquello que puede traerte un dolor de cabeza a la hora de pagarlo y no aportará nada a tu vida cuando nadie te ve. Sé honesto contigo mismo y con los demás, no intentes presumir una vida que no puedes mantener a futuro.

Recorta tus gastos:

5 aspectos en tu vida para ahorrar

Trata de ahorrar en distintos ámbitos de tu vida, de forma progresiva hasta que puedas sacar el mayor provecho a todos. Algunos expertos dicen que con esforzarte un 20 por ciento día tras día tendrás 80 por ciento de buenos resultados a mediano y largo plazo.

Comida

Está atento a las ofertas: A menudo podemos encontrar en el mercado valiosas ofertas como, por ejemplo, venta de dos artículos por uno. Sabemos que son técnicas publicitarias de mercadeo, pero de igual forma vienen muy bien al bolsillo del cliente.

Evita las marcas más comerciales: En el mercado siempre habrá distintas marcas del mismo producto. No te dejes engañar y compra la que menor costo tiene, siempre que tenga la calidad deseada.

Evita artículos con cupones: No compres alimentos solo porque trae consigo un cupón o un regalo que de verdad no necesitas. Estas son estrategias de mercadeo para que compres el producto pensando en el beneficio extra que trae consigo y no en que de verdad necesites el producto.

No compres comida pre-elaborada: La comida que ya está picada, aderezada o precocinada usualmente es más costosa que la que viene de forma natural. Evita estas comidas porque además de estarte quitando dinero no es tan saludable.

Compra más productos de larga duración: Muchas veces se puede ahorrar más comprando muchos productos a la vez. Si están en oferta puedes aprovecharla con cada artículo y ahorrarte el dinero del viaje de vuelta a la tienda el mes siguiente.

Aprovecha las temporadas: Las frutas y las verduras son mucho más económicas cuando es temporada de recoger su cosecha por la alta disponibilidad que pueden tener. En estos momentos, los vendedores bajan los precios de estos productos por su elevada existencia y el riesgo de que se dañen si no se consumen rápidamente.

Cocina lo más saludable posible: Ahorra los ingredientes de tus comidas, evita usar tanta sal, azúcar, aceite o cualquier otro aderezo innecesario. Tu bolsillo te lo agradecerá y tu cuerpo también.

Trata de cocinar todo en una sola olla o sartén: Esta técnica te ayudará a ahorrar en productos de limpieza, agua y tiempo personal que dediques a lavar los platos y ollas sucias. Además, ahorrarás en el uso del gas o la corriente para cocinarlos.

Trata de hacer todo el mercado de una misma vez: Planea un día en que estés disponible para ir al mercado y buscar todas las ofertas que necesitas. Trata de que tus compras las hagas todas un solo día para que no tengas que volver al mercado y gastes nuevamente en pasaje o combustible.

Compra comida que te guste y rinda: Compra alimentos que puedas combinar de diferentes maneras y no te aburras de comerlos. Nada peor que comprar algo y que se dañe o venza, esto es una forma horrible de tirar dinero a la basura.

Ropa

Compra solo lo necesario: La regla de oro para ahorrar en ropa es comprar estrictamente lo que necesitas para cubrir el cuerpo. No te dejes llevar por el último grito de la moda ni por las opiniones de los demás sobre tu forma de vestir. Si tienes toda tu ropa y calzado en buen estado, úsalos, y si quieres verte diferente, sé creativo y combina diferentes prendas que ya tienes en tu closet.

No botes la ropa: Muchas personas desechan aquellas camisas o pantalones desteñidos o que tienen algún agujero, pero no lo hagas. De ahora en adelante, piensa que esas prendas puedes usarlas para estar en tu casa, ir a la playa, parque o para dormir. A veces las prendas que parecen viejas y desgastadas dan un look bohemio o relajado a tu personalidad.

No le temas a las prendas de segunda mano: Existen muchas tiendas que venden ropa y calzado usados que están en buen estado por un precio mucho menor del que tendrían si fuesen nuevos. No le huyas a la ropa de segunda mano, te puedes sorprender con las maravillas que puedes conseguir en lo que alguien más descartó.

Evita la ropa de mala calidad: Con esto tampoco te estamos diciendo que compres en tiendas costosísimas, pero analiza la calidad de las prendas que adquieras. Piensa en que si compras un vestido o calzado de mala calidad, este no durará lo normal y tendrás que salir a comprar ropa de nuevo; a veces lo muy barato sale caro.

Arregla y confecciona tu propia ropa: Comienza a pensar la manera en que puedes remendar alguna pieza que se te haya roto o agregarle algún detalle para que luzca diferente. Existen infinidades de tutoriales en internet que te pueden enseñar cómo reusar tu ropa, sin aburrirse en el intento.

Evita ropa que usarás solo una vez, mejor pídela prestada: No tiene mucho sentido gastar una gran cantidad de dinero en un atuendo que usarás una sola vez en tu vida, mejor pídeselo prestado a algún amigo de confianza que sepas que ya lo tiene en su closet.

No seas esclavo de la moda: Evita comprar la ropa que está de moda, posiblemente este estilo caducará en pocos meses y tendrás mucha ropa guardada. Mejor sé inteligente y compra ropa básica y de colores neutros que puedas usar siempre y que combinen con todo.

Evita comprar en días especiales o tiempos festivos: La ropa el día de las madres, de los padres, en navidad, etc., aumenta usualmente el doble o triple del precio real. Mejor compra ropa fuera de estos momentos especiales o al final de estas temporadas y paga lo justo.

No compres ropa difícil de cuidar: Evita comprar prendas hechas con materiales delicados que exigen un tratamiento especial a la hora de lavarlas o plancharlas. La seda, el terciopelo y los encajes son tipos de telas que necesitan cuidados específicos que posiblemente requerirán de atención y más dinero para mantenerlas en buen estado. Es mejor que optes por el algodón y la licra.

Cuida tu ropa: Comienza a tratar lo mejor posible tu ropa para que su vida útil sea más prolongada. Una buena idea es evitar ensuciarla en extremo, dejarla al sol por mucho tiempo o aplicarle químicos que la tela no soporte. Presta atención a las etiquetas para que conozcas la correcta manera de lavarla y plancharla.

Salud

Mantente sano: En temas de salud no hay mejor consejo que la prevención de enfermedades. Por ello, mantener una vida saludable y darle especial atención al bienestar del cuerpo y la mente es vital si no quieres tener gastos adicionales para recuperar tu salud.

Algunos consejos generales que pueden alejarte de las enfermedades son: Mantén un peso saludable acorde a tu estatura; evita la vida sedentaria y haz regularmente ejercicios, al menos 3 veces por semana; sé una persona higiénica con tu cuerpo, dientes, cabello, ropa y comida; acostúmbrate a llevar una dieta balanceada y preparada de forma natural; evita la sobre carga de estrés, date tiempo para descansar y distraerte.

Pero si ya padeces de alguna enfermedad, estos son los consejos que puedes seguir para disminuir costos sin poner en riesgo tu salud.

Medicamentos genéricos: Muchas veces los medicamentos de marcas conocidas son mucho más costosos que los genéricos. Pregunta a tu médico si el medicamento que debes tomar tiene algún genérico que te sirva de igual manera.

Administrar rigurosamente las dosis: Toma al pie de la letra la cantidad de medicamento que el doctor te recomienda. Evita los olvidos que hagan que tomes más medicinas de las recomendadas y trata de no suspenderlas después de que comenzaste a tomarlas, ya que si no sigues con responsabilidad tu tratamiento podrías gastar más dinero al tener necesidad de volverlo a empezar.

Muestras gratis: Los fabricantes de medicamentes usualmente dejan muestras gratis a los especialistas de la salud, sobre todo cuando se trata de medicinas costosas. Pregúntale a tu médico si tiene alguna muestra gratis que te pueda regalar al menos para empezar el tratamiento. Muchas veces las muestras gratis alcanzan para todo el tratamiento.

Beneficios de la compañía de seguros: Asesórate de todos los beneficios que te brinda tu compañía de seguro, estas pueden costear el precio de tu tratamiento o pueden ayudarte a pagar algún porcentaje.

Consulta varias opciones: Es recomendable que visites varias farmacias antes de comprar los medicamentos que necesitas; quizás en alguna de ellas la misma medicina sale más económica que en las demás.

Pregunta por los descuentos: Existen farmacias que ofrecen descuentos si compras varios medicamentos o artículos a la vez o si te afilias a sus redes como cliente. Pregunta si tienen alguna promoción.

Busca varias opciones de consultas médicas: Haz una investigación de cuántos especialistas tienes a tu alrededor y determina cuál te puede ofrecer una consulta médica más económica y de igual calidad.
Declara tus gastos médicos: En muchos países, declarar cuánto se ha gastado al año por razones de enfermedad ante

los entes tributarios podría reducir la carga fiscal que debes pagar.

Consulta los costos con tu empresa: Muchas compañías tienen políticas internas orientadas a ayudar a sus trabajadores cuando se trata de salud. Recuerda que a ningún jefe le conviene tener empleados enfermos o de reposo. Consulta a recursos humanos si pueden ayudarte con el costo de tu tratamiento o si tienen alianzas con redes farmacéuticas o especialistas para abaratar costos.

Prepárate con exámenes básicos: Tener listos algunos exámenes básicos de rutina como el de sangre, tensión etc., podría ayudarte a agilizar tu travesía por el médico porque puede ahorrarte una consulta extra.

Evita las urgencias: Esto tiene que ver con la prevención. Si sabes que algo anda mal con tu cuerpo, ve lo antes posible al médico y no dejes que se complique la situación. Dilatar la atención de las enfermedades es muy riesgoso y también podría suponer un duro impacto para tu bolsillo si se convierte en una emergencia de vida o muerte.

No temas a la medicina natural: Pregunta a tu médico si existe algún producto natural que puedas tomar para combatir tu enfermedad. Muchas veces, la naturaleza resulta ser más eficaz que los medicamentos químicamente elaborados. Si no lo crees, pregúntale a las abuelitas.

Consulta varias opiniones: En el caso de que tengas que someterte a una cirugía o tratamiento muy largo y costoso, busca otros médicos para confirmar que ese es el único camino para curar tu enfermedad. Quizás te ofrezcan soluciones más económicas y efectivas.

Hogar y limpieza

No desperdicies el agua y reúsala: Una buena idea es racionar el agua del grifo de manera consciente y usarla más de una vez. Por ejemplo, cuando te duches trata de ser lo más breve posible y haz que el agua que cae se deposite en una ponchera que podrás usar para bajar el inodoro posteriormente.

Ahorra energía eléctrica: Recuerda que una manera útil de disminuir el consumo eléctrico es apagar o desenchufar los equipos y electrodomésticos que no estés usando. Recuerda que, aunque estén apagados, algunos consumen un mínimo de energía; averigua cuáles son y desenchúfalos. Evita dejar la luz encendida cuando no estés en la habitación, baño o sala. Otra buena idea es ver la televisión en familia para evitar que varios aparatos estén consumiendo electricidad.

Aprovecha la luz natural: Abre las ventanas y deja que el sol ilumine tu casa. Todas las actividades en las que necesites claridad procura hacerlas durante el día.

Usa energía limpia: Cambia todos los bombillos amarillos que tengas por otros fluorescentes; estos duran más y consumen menos electricidad. Si tienes posibilidades, instala paneles solares en el techo de tu casa para que no dependas de la energía eléctrica que viene de la calle; será un gasto importante que harás una vez, pero te olvidarás de pagar las facturas de la electricidad de por vida.

Limpiadores multiusos: Evita comprar limpiadores diferentes para cada superficie de la casa, más bien usa los que son multifuncionales que, además de ahorrarte dinero, ocuparán menos espacio en tu casa.

Evita artículos del hogar de renombre: Todo objeto que sea conocido por la mayoría seguramente será más costoso. Compra mejor aquellos limpiadores y equipos electrodomésticos que no son tan reconocidos, pero ofrecen la misma calidad.

Tela en vez de papel: Se ahorra una barbaridad usando servilletas de tela en vez de papel, ya que estas solo necesitan ser lavadas para rehusarse continuamente. Aplica lo mismo para los que compran toallines para limpiar superficies, siempre es mejor limpiar con un trapo húmedo que podrás volver a utilizar.

Mide las cantidades: Esta regla aplica para los detergentes y la pasta dental; siempre usamos más de lo que realmente necesitamos. Lee atentamente las instrucciones de estos limpiadores y te darás cuenta de que con mucha menos cantidad de pasta dental o jabón en polvo que usualmente usas, conseguirás el mismo resultado.

No botes el sobrante del jabón y el champú: ¿Sabías que si reúnes una gran cantidad de pedacitos de jabones de baño los puedes mezclar con un poco de agua y tener una barra de jabón nueva? Inténtalo. Lo mismo aplica con lo que queda en los envases de champú.

Evita ambientadores y perfumes artificiales: Si necesitas combatir algún mal olor, los granos de café son un excelente aliado, solo déjalos en la parte de tu casa donde exista un olor desagradable. Para el baño usa flores y frutas deshidratadas mezcladas en un bol o bolsa de tela; esta idea ofrecerá un olor fresco y agradable por más de 6 meses.

Bancos, préstamos y tarjetas de crédito

Antes de depositar tu dinero en el banco, cerciórate de las opciones que te brinda y asegúrate de que sea una buena idea o si, por el contrario, representa una amenaza para tus finanzas. Opta por los bancos y tipos de cuentas que no cobren altos porcentajes por honorarios, usos y mantenimiento.

Existen entidades financieras que no cobran por abrir cuentas de ahorro, más bien ofrecen a sus clientes un porcentaje de interés mensual calculado a partir del monto depositado. Es decir, cada mes ganarás algo de dinero por tener tus ahorros en esa cuenta. ¡Pregunta por ellas!

Otros bancos cobran algún porcentaje de dinero a sus clientes por cada operación realizada; por ejemplo, retiros, transferencias y consultas. Averigua bien cuánto cobra el banco por estas operaciones y hazlas lo menos posible. No dudes en retirar tu dinero si observas que el banco no está proporcionándote facilidades ni beneficios para tu situación financiera.

Evita solicitar préstamos bancarios de larga duración. La finalidad de estos préstamos es que siempre pagues el doble o el triple de lo que de verdad cuesta el bien o servicio que deseas adquirir. Si no te queda más opción que pedir el préstamo, haz lo posible por cancelarlo antes de la fecha límite que estableció el banco.

Las tarjetas de crédito pueden ser de gran ayuda cuando estamos en apuros, pero no te obsesiones con ellas. También funcionan como un préstamo y, en la medida en que tardes en cancelar toda su deuda, la cuenta aumentará y terminarás pagando mucho más de lo que imaginas.

Aprovecha las promociones bancarias. En muchos casos, las instituciones bancarias incentivan a sus clientes no cargándoles intereses a su tarjeta de crédito los primeros meses de uso. También existen bancos que por un monto determinado de depósito ofrecen una tasa de interés mensual más alta de lo normal.

Averigua si tu banco tiene alianzas con otras empresas y aprovecha los descuentos que pueden darse gracias a esta relación. Usa cajeros automáticos y puntos de venta que sean de tu mismo banco para que no te cobren altas comisiones por las operaciones realizadas.

Planifica tus retiros y extrae una sola vez del banco la cantidad de dinero que necesitarás para todo el mes. Si haces lo contrario y sacas dinero cada vez que hagas una compra, gastarás más en comisiones bancarias por cada nuevo retiro.

En países donde la inflación es acelerada no se recomienda que deposites todo tu dinero en el banco, ya que al cabo de unos meses este se devaluará y no podrás adquirir nada en el futuro. En estos casos, es mejor invertir en bienes que mantengan su valor través del tiempo o se revaloricen como autos, casas, oro o plata.

Piensa en alquilar

Si eres una persona que necesita independencia, pero no tiene mucho dinero para comprar una casa, la mejor opción es buscar un lugar para alquilar. Los mejores consejos si estás buscando un alquiler son los siguientes:

Busca un lugar económico: No tiene mucho sentido alquilar un lugar costoso si las cuentas no te dan para sostener tus otras necesidades básicas. Comienza estudiando cuánto necesitas en alimentación, medicina, aseo personal, educación, transporte, etc., para saber de cuánto dinero necesitas disponer para el pago de un alquiler.

No vivas solo: Es mucho más fácil alquilar un apartamento o casa entre varias personas. Evalúa la posibilidad de conseguir un compañero o compañera de habitación con quien dividir la cuenta del alquiler.

Busca contratos a largo plazo: Por lo general, los contratos de alquiler por períodos largos de tiempo como meses o años son mucho más económicos. Si planeas estar mucho tiempo en ese nuevo lugar, conversa con el arrendador para que acuerden un contrato por largo tiempo y un monto justo.

Si por el contrario tienes posibilidad de ofrecer un alquiler, estudia tu situación y las características de tu casa y no dejes pasar esta oportunidad de sumarle dinero a tu cuenta sin mucho esfuerzo.

Si vives solo y tienes mucho espacio: Si vives en tu casa sin nadie más y tienes mucho espacio para compartir, piensa en la idea de alquilar alguna habitación de tu casa para algún estudiante, turista o pareja recién casada. Sabemos que esto implica que tus niveles de tolerancia deben aumentar, pero por un dinero extra vale la pena, ¿o no?

Pon a producir tus propiedades: Si cuentas con la suerte de tener casas en varios sitios, evalúa la idea de poder alquilarlas. Siempre es mejor ponerlas a producir dinero a que se queden cerradas por años sin que nadie se beneficie. Las personas que tienen casas en lugares vacacionales poseen en sus manos una tremenda oportunidad para sumarle más dinero a sus cuentas.

Promociona tu casa vacacional a través de medios de comunicación social o páginas en internet.

Esta idea aplica no solo a viviendas, también puedes alquilar oficinas de trabajo, algún servicio que puedas prestar a través de tus bienes como automóviles, equipos de cocina, lavado, etc.

Educa tu mente en el arte del ahorro

Nada peor que hacer algo si no estás convencido en cuerpo y alma. Las personas exitosas no solo llevan a cabo acciones que los conducen al triunfo, sino que también tienen una manera de pensar y ver las cosas un poco diferentes a la mayoría de la gente. Por eso, hay más gente pobre que rica en el mundo; la superación personal es una decisión que implica mucho esfuerzo, algo que la mayoría no está dispuesta a soportar.

Un paso importante para empezar a cambiar la mentalidad es la fuerza de voluntad que puedas desarrollar para no comprar todo aquello que te deslumbre. Es frecuente ir de paseo y ver en las vitrinas de los centros comerciales muchas cosas asombrosas, innovadoras, brillantes o multifuncionales que nos imaginamos teniéndolas.

Pero recuerda aquel dicho que reza "No todo lo que brilla es oro", y quizás si compras esas cosas más bien estás acumulando objetos que no necesitas y además reducen tu dinero. Lo más recomendable para no dejarse tentar es recordar la meta que deseas lograr con el dinero que estás tratando de ahorrar.

Piensa que al alcanzar esa meta te sentirás mil veces mejor que con cualquier otro objeto que veas detrás de una pomposa vitrina.

Haz una lista de los pequeños objetivos que debes alcanzar, puesto que estos te conducirán a la meta final. Para este paso es recomendable que te traces plazos y fechas reales que puedas cumplir en el tiempo planeado.

Si eres una persona dispersa o estás ocupado en mil cosas, puedes anotarlas e ir poniendo una marca de verificación a las que vayas cumpliendo. Esto se llama sistematizar tus planes para lograr un objetivo final.

Además, escribir tus metas y ponerlas en un lugar donde siempre las veas es una técnica que te motivará a continuar. Muchos expertos en motivación recomiendan pegar un papel en el espejo del baño o en la puerta del closet para que al levantarte lo primero que veas y leas sea aquella meta. Así, poco a poco, acondicionarás tu cerebro a pensar en que cada esfuerzo que realices no es tan pesado frente al resultado que esperas obtener.

Aléjate de las indecisiones. Para tomar el camino hacia un objetivo tienes que estar decidido y seguro de que realmente lo quieres y nada ni nadie te hará dudar de lo que quieres alcanzar. Todo lo que te propongas hacer para ahorrar dinero hazlo con paso firme, sin titubear.

Olvídate de las palabras "Lo intentaré" o "Trataré"; más bien mentaliza que sí lo puedes hacer y agota todas tus posibilidades para lograrlo. Cuando te sientas decaído, sé positivo, piensa y repite en voz alta frases que te alienten a continuar tu proyecto. Algunas de ellas pueden ser: "Yo sí puedo", "Soy capaz", "Creo en mí", "Estoy a punto de lograrlo", "Falta poco".

En todo camino hacia el éxito existen fracasos y obstáculos. No te desalientes cuando tropieces, piensa que siempre puedes iniciar otra vez, ver las cosas desde otra perspectiva o pedir ayuda.

Aprende de los fracasos y no permitas que ellos te detengan. Por allí dicen que la mayoría de la gente exitosa es terca y no se deja amilanar por nada; adopta esa cualidad.

Mantente constante al menos por un año seguido. Toda meta lleva su tiempo de esfuerzo y dedicación, no esperes que solo en un par de meses mejore considerablemente tu situación económica. Los expertos recomiendan hacer todos los esfuerzos para ahorrar por un plazo mínimo de un año para que de verdad notes un cambio favorable en tus cuentas.

Por otro lado, si ya te adaptaste a los cambios que implica un plan de ahorro serio y no te pesa tanto seguir con ellos por más tiempo, continúa ahorrando.

Intenta cosas nuevas y sal de tu zona de confort. Al salir de las comodidades acostumbradas te das cuenta de las innumerables maneras que existen de hacer las cosas o resolver un problema sin gastar tanto dinero.

Intenta hacer aquello que no te has atrevido; pueden ocurrir dos situaciones: que todo te salga bien y aprendas otra manera de hacer las cosas, lo cual es maravilloso, o que falles y también aprendas una nueva lección.

Sé precavido y plantéate la posibilidad de que en algún momento de tu camino hacia la meta puede aparecer una crisis o puede presentarse un escenario negativo. Haz un ejercicio metal e imagínate en el futuro resolviendo esa situación, pregúntate cómo saldrías de aquel atolladero.

Evalúa las opciones que tienes para salir de esas circunstancias desagradables si se presentan. Asegúrate de que nada ni nadie te agarre desprevenido.

Cree en ti y sé positivo. Las personas que son negativas generalmente quedan paralizadas ante los obstáculos y no se sienten capaces de superarlos. Aleja esos pensamientos de tu mente y huye de la gente que sea de esta manera.

Una actitud optimista te ayudará a no enfrascarte en las cosas negativas y a buscar soluciones viables a las adversidades; recuerda que siempre será mucho mejor ver el vaso medio lleno que medio vacío.

Excusas para no tomar el control de tu dinero

La gente siempre tendrá una excusa para no hacer aquello que conlleva esfuerzo, por eso la mayoría vive conformándose con lo poco que tiene e ignorando que posee realmente el potencial de alcanzar muchas de sus metas. Aquí te mostramos algunas de las falsas ideas que se tienen sobre la planificación de un presupuesto:

Idea 1: Es solo para profesionales de la economía.

Esto es totalmente falso, ya que todo el mundo puede hacerlo. Solo hace falta voluntad y constancia para conocer todas las herramientas y estrategias que puedes aplicar en su vida para ahorrar y planificar un presupuesto que te lleve directamente y sin demora a tu meta.

No todas las personas exitosas son economistas, administradores o banqueros. Claro, a ellos les resultará más fácil controlar su dinero porque fueron a la universidad a estudiar sobre estos temas, pero ello no quiere decir que tú no puedas adquirir algunas nociones básicas para empezar.

Así que no te dejes intimidar por títulos ni sabiondos.

Idea 2: Nunca sabré por dónde comenzar.

Recuerda aquel dicho que reza "Nadie nace aprendido". A muy pocas personas le salen bien las cosas a la primera, no le temas a los retos ni a los fracasos. Así que comienza como todo el mundo: Aprende las nociones básicas, lee libros como este, habla con los demás sobre el tema, involúcrate y cree en la idea de que eres capaz de lograr tu meta. Solo necesitas armarte de mucha paciencia.

Idea 3: No podré comprar lo que quiero.

La verdad es que el presupuesto te ayudará a diferenciar aquellas cosas que necesitas para vivir de aquellas que simplemente deseas por capricho. Te hará pensar y tomar el control de tus gastos con el objetivo de que no te quedes sin dinero para el futuro.

Sería muy desagradable no poder cubrir una necesidad o pagar una deuda considerable porque estuviste derrochando tu dinero en el pasado, ¿no crees?

Imagina que después del almuerzo sales de tu oficina todos los días a comprar aquel pedazo de torta de chocolate que tanto te gusta,

¿cuánto estás gastando por semana?

Apostamos a que nunca has hecho esa cuenta,

¿verdad?

Quizás con todo ese dinero que has gastado hubieras podido comprar aquella medicina o pagar aquella factura de la casa que tantos dolores de cabeza te ha provocado.

Idea 4: No puedo seguir normas estrictas.

No le temas a las normas, pues ellas son el camino para la evolución humana; el mundo sería una anarquía si no siguiésemos un mínimo de normas,

¿cierto?

Si bien la planificación del presupuesto te exige que cumplas al pie de la letra algunas normas, esto no quiere decir que no pueda haber algún momento de flexibilidad; lo importante es que priorices tus gastos visualizando siempre tu meta.

Por ejemplo, si tu meta es comprar un automóvil,

¿cómo crees que ahorrarás más, usando taxi o transporte público?
Al momento de ahorrar debes asumir la idea de movilizarte en transporte público o caminando, a pesar de que te parezca un poco incómodo. Sin embargo, esto no quiere decir que un día que te sientas mal de salud o lleves muchos paquetes encima no puedas tomar un taxi.

Idea 5: Ahorrar y hacer presupuestos no son cosas divertidas.

Como dijimos en el punto anterior, todo lo que emprendas en la vida puede tener momentos de flexibilidad y con ellos de diversión. Si para ti y tu familia tener momentos de esparcimiento es una prioridad, evalúa las opciones más económicas para tu bolsillo sin descuidar la sostenibilidad de tu presupuesto.

Es cierto que no todo puede ser trabajo y números, solo recuerda ser creativo y pensar cómo puedes pasar tiempo de calidad sin gastar mucho dinero.

Idea 6: Tengo mala memoria para las cuentas.

Si tienes mala memoria, eres desorganizado con sus cuentas y no sabes cuánto dinero entra y sale, estás en un grave problema. Comienza a usar herramientas seguras para anotar todos tus ingresos y egresos; esto te permitirá llevar un registro minucioso de tu estatus financiero.

Una buena idea es tener una agenda personal, guardar en una caja de zapatos todas tus facturas o, si sabes manejarte con las computadoras, registrar en una hoja de cálculo todos tus movimientos monetarios al mes.

Idea 7: Si gano mucho dinero no necesito hacer esto.

La verdad es que las personas que ganan mucho dinero son las más vulnerables a que su capital se vaya fácilmente, como arena de las manos. El poder adquisitivo de estas personas las empuja a que se involucren en muchas cuentas a la vez y, si no tienen cuidado, pueden terminar en la quiebra. Una gran casa, un bonito auto, vacaciones 2 o 3 veces al año, mantenerse actualizado en la moda y la tecnología hace que el monto de sus cuentas caiga abruptamente.

Si te crees muy rico es mejor que hagas un presupuesto que te indique cuánto ganas y cuánto gastas para que tu fortuna no se te escape y no salgas después con las manos en la cabeza preguntándote:

¿qué pasó con todo mi dinero?

Idea 8: No lo necesito porque mis egresos nunca son mayores que mis ingresos.

Te felicito, ese es uno de los pasos más importantes que te llevará al éxito. Pero qué tal si te digo que ese paso, más una planificación detallada del presupuesto, puede acercarte más rápidamente a tus metas y te permitirá conocer todos tus movimientos financieros y determinar si puedes prescindir de algunos y ahorrar más. Nunca está de más aplicar todo lo que sapas cuando de dinero se trata.

Idea 9: Nunca me queda nada de dinero para ahorrar, así que es inútil.

Esto le pasa a mucha gente que vive de mes a mes con el sueldo justo, nunca le queda más o menos en el bolsillo, con cada inicio de mes comienza de nuevo a trabajar para al final solo pagar deudas.

Sin embargo, esta situación puede cambiar si te lo propones, comienza a ver qué otras cosas puedes hacer para que entre más dinero o cómo puedes minimizar los costos para que más dinero se quede contigo.

En este libro damos muchos consejos al respecto.

Idea 10: No tengo tiempo para hacerlo.

Para las cosas importantes siempre habrá tiempo, y tu dinero es algo muy importante, solo debes organizarte y priorizar. Después de que determines todo lo que tienes que hacer para ganar dinero, como ahorrar lo más que puedas, afianzar tu fondo de emergencias, etc., la planificación del presupuesto solo te llevará menos de una hora cada mes.

Solo necesitas lápiz, papel y un poco de concentración para ponerle orden y sentido a tus finanzas.

Idea 11: Hacer esto me avergüenza porque me la paso con gente adinerada.

Si tus amigos y familia poseen mucho dinero para tener la vida que quieren y tú no tienes esas posibilidades, lo primero que tienes que pensar es en no deprimirte y ser proactivo a favor de tus finanzas.

Si tus amigos quieren ir siempre a lugares costosos, no te avergüences de proponerles hacer algo más económico como caminar por el parque, ir a la playa o simplemente tomar café en alguna de sus casas. Son mucho más valiosas las relaciones entre personas honestas y comprensivas; además, si son tus verdaderos amigos, seguro la pasarán bien sin importar el lugar.

La humildad es uno de los valores más importantes que el mundo necesita; no quieras aparentar una vida que no puedes sostener y no caigas en el juego de comprar el cariño de la gente. Aprende a decir "no" cuando de verdad no puedas permitirte ciertas cosas.

Idea 12: No necesito ahorrar porque el dinero no compra la felicidad.

Esta frase puede convertirse en un arma de doble filo, y en los peores casos es usada por las personas para evitar comprometerse con el control de su dinero y la responsabilidad personal que implica querer lograr una meta.

Es cierto que toda la felicidad y plenitud que podemos experimentar en las distintas etapas de nuestro paso por la tierra no tiene nada que ver con el dinero, pero nunca está demás ahorrarlo e invertirlo de buena manera si alguna vez lo necesitamos.

De lo que sí puedes estar seguro es que al administrar mejor tu dinero reducirás tu nivel de estrés y no vivirás todos los años de tu vida para pagar deudas y al final no disfrutar nada.

Preguntas y respuestas sobre el manejo eficaz del dinero

1. ¿Si comienzo a ahorrar ahora mis niveles de preocupación disminuirán?

Respuesta: Verdadero. Uno de los objetivos principales del ahorro es que al momento de pagar tengas con qué hacerlo y no salgas corriendo a buscar un préstamo, una ayuda o cualquier otra cosa que te haga salir de las deudas.

Está comprobado que las personas que tienen un fondo de emergencias, un respaldo para vivir de por lo menos seis meses y aplican todas las recomendaciones necesarias para que el dinero rinda hasta el final de mes y sobre algo para seguir ahorrando, son más felices porque viven más tranquilas, alejadas de las preocupaciones y las deudas.

Nunca es tarde para aprender. No importa que estés ya pisando los 30, 40 o 50 años de edad para empezar con este estilo de vida y aprender todas estas técnicas que te permitirán tener un futuro más estable económicamente.

2. ¿Las deudas se usan como una herramienta para alcanzar las metas?

Respuesta: Falso, endeudarse conlleva un riesgo muy alto para tu estabilidad económica. Tomar la decisión de adquirir una deuda considerable trae consigo que la persona experimente niveles de estrés muy altos si no tiene un plan sólido que garantice el pago a tiempo.

Este nivel de presión puede hasta comprometer el estado de salud de la persona, así que piénsalo más de dos veces si estás considerando endeudarte.

Además, es falsa la idea de que la gente rica se endeuda con frecuencia porque simplemente no lo necesita, estas personas tienen suficiente dinero para cancelar de manera inmediata cualquier cuenta.

3. ¿Al prestar o regalar dinero me convierto en una mejor persona?

Respuesta: No necesariamente. Si bien existen muchas personas y organizaciones de caridad que necesitan dinero para salir adelante, si tú mismo no puedes cubrir tus propias necesidades no es buena idea que dirijas tu dinero a estas causas, al menos hasta que estés respaldado económicamente.

Por otro lado, cuando se presta dinero a un amigo o familiar tienes que estar consciente de que puede surgir algún imprevisto que le impida a la persona cancelarte la deuda en el tiempo establecido; estas situaciones generan más enemistades y peleas que cosas positivas.

En la mayoría de los casos, las personas involucradas terminan considerándose entre sí lo peor de este mundo, así que evalúa bien a quién prestas tu dinero y cerciórate de las alternativas que tiene la persona para pagarte, si no considéralo dinero perdido.

4. **¿Cancelar en cuotas es una excelente opción para comprar lo que necesito cuando no tengo dinero?**

Respuesta: Falso. Cuando un vendedor o empresa te da la opción de cancelar en cuotas a largo plazo él o ellos están esperando dos cosas: que tu deuda le garantice un dinero todos los meses y que no puedas pagarlo completamente para que se generen intereses y te veas en la obligación de pagar mucho más de lo que pensaste.

Estamos en un mundo donde el tiempo vale dinero, los cobradores lo saben y buscan que caigas en la trampa explicándote que el pago en cuotas es un beneficio que no puedes desaprovechar, pero lo que no te dicen es que ellos se están lucrando en la medida en que te tardes en cancelar tu deuda.

5. **¿Es buena idea permanecer toda la vida arrendado en una casa?**

Respuesta: Falso. El alquiler de una casa, vehículo o cualquier otra cosa debe ser considerado solo para períodos cortos o medianos, nunca para toda la vida. Una de las razones es que si pagas un alquiler por siempre nunca tendrás nada propio y es poco probable que puedas ahorrar dinero para conseguir tus propias metas.

Los alquileres se ofrecen con la idea de sacar ventaja de las propiedades exprimiendo al necesitado, que en este caso es quien alquila. Y lo más cruel es que si no tienes el dinero a la hora de cancelar debes irte de la casa o dejar inmediatamente aquello que alquilaste.

Si no te queda más remedio que alquilar, trata de discutir con el dueño pagos mínimos que puedas cancelar por un largo período de tiempo.

6. ¿Necesito una tarjeta de crédito para crearme una buena reputación en el banco?

Respuesta: Falso. La idea de que necesitas más deudas para ser una persona confiable dentro de la entidad financiera tiene sus riesgos. Piensa en que el banco lo único que quiere es buscar la manera menos dolorosa de arrebatarte tus ahorros a través del ofrecimiento de préstamos, hipotecas y aumento del límite en tu tarjeta de crédito.

El banco estará feliz de darte todos los préstamos del mundo siempre que los pagues, pero cuando comienzas a acumular deudas te echan directamente a un lado y no te toman más en cuenta.

Solo usa la tarjeta de crédito en momentos muy especiales y siempre ten un plan para pagarla lo antes posible. Es mejor comprar en efectivo o a través de una tarjeta de débito que adquirir una deuda que no estás seguro de cuándo cancelarás.

7. ¿Las tarjetas de créditos son más seguras y me permiten realizar más operaciones comerciales que las de débito?

Respuesta: Falso. Hoy en día las empresas emisoras de tarjetas de crédito y débito les están diciendo a sus clientes que ambas poseen los mismos beneficios y mismos mecanismos de protección ante fraudes y clonaciones.

Anteriormente se creía que las compras en línea y la reservación de hoteles a distancia solo se podían hacer a través de tarjetas de crédito, pero hoy sabemos que las cosas han cambiado y las empresas están incluyendo en sus formas de pago las tarjetas de débito.

8. **¿Es una buena idea que un adolescente maneje una tarjeta de crédito para que vaya aprendiendo a usarla?**

Respuesta: Un adolescente puede usar cualquier tipo de tarjeta mientras esté bajo tu supervisión. Imagina que si para ti es difícil salirte de las deudas de las tarjetas de crédito, cuánto más difícil será para un adolescente que no tiene experiencia ni conocimientos básicos sobre control del dinero.

Otorgarle una tarjeta de crédito a un menor de edad sin vigilancia es asegurarte una deuda que tendrás que pagar.

Recuerda que para muchos adolescentes los deseos están primero que todo y no son tan conscientes de las necesidades y consecuencias de adquirir una deuda. Si no puedes permitirte pagar todos los impulsos de tu adolescente, evita darle una tarjeta de crédito.

9. **¿Hipotecar mis propiedades me asegurará más dinero para comprar algo mejor?**

Respuesta: No te asegurará nada si no pagas fielmente las cuotas de la hipoteca, más bien pone en riesgo tus propiedades. No hay nada peor que sentir que vas a perder algún bien porque no has podido cancelar tus deudas al banco.

Entrar en los negocios de las entidades financieras supone un riesgo muy alto porque su lógica no es ayudarte, sino quitarte dinero de forma legal para hacerse más millonarios.

10. ¿Los juegos de azar son una merara fácil de conseguir dinero extra?

Respuesta: La verdad es que es la manera más tonta de perder tu dinero. Los juegos de azar están diseñados para que exista un mínimo de ganadores y egresos que no comprometa todo el dinero que han amasado a costa de la adicción de las personas que apuestan.

La mayoría de los asiduos a los juegos de azar siempre dirán que se mantienen en el juego porque en algún momento han ganado algo o conocen a alguien cercano que ganó, pero nunca dicen cuánto han perdido día tras día en estos juegos.

Son más las personas que han quedado en bancarrota por juegos de azar que los que se han vuelto millonarios. Lo más triste es que quienes han obtenido alguna fortuna por este tipo de juegos no saben administrar el dinero ganado y lo pierden fácilmente apostando de nuevo o derrochando en deseos que nunca pudieron permitirse en el pasado.

11. ¿Tener todo el control de mi dinero supone que tengo que pagarle a algún profesional externo para que me asesore?

Respuesta: Tú personalmente puedes tomar el control de tu dinero sin ayuda de nadie más y sin tener que pagar costosísimos honorarios a profesionales que, más que ayudarte, desinflarán tus cuentas bancarias.

Con la lectura de este libro puedes aprender consejos de gran utilidad para ahorrar, priorizar, invertir de manera sabia y crear un presupuesto sostenible que te ayude a alcanzar tus metas. Solo necesitas disposición para aprender, paciencia y constancia para aplicar las recomendaciones a tu realidad.

12. ¿Es más seguro conformarme con lo que tengo que tomar riesgos?

Respuesta: Falso. Como todo en la vida, el que no arriesga no gana. Aquí no te decimos que arriesgues todo sin pensar en las consecuencias ni tener un plan previo si algo sale mal porque sería una locura. Lo que decimos es que no debes conformarte con lo que tienes por el resto de tu vida.

De vez en cuanto necesitas tomar decisiones para avanzar, a pesar de que te dé un susto en el estómago pensar en ello. No le tengas miedo al cambio y busca la manera de no quedarte estancado en un empleo desagradable, una vivienda que no te gusta o lo que sea que tengas, por miedo a perderlo todo o por miedo a los sacrificios que el éxito conlleva.

Muchas personas se quedan en empleos que odian solo porque les ofrece una aparente seguridad; mientras trabajan viven amargados y años después, cuando los despiden, se arrepienten de haber gastado los mejores años de su vida en una empresa que al final no le dio tanta estabilidad como pensaban.

Busca otras alternativas que mejoren tu calidad de vida y no permitas que el conformismo se apodere de ti.

13. ¿Es mejor no preocuparse tanto porque hay maneras de conseguir dinero fácil?

Respuesta: Esta afirmación es absolutamente falsa, dado que para todo lo bueno existen sacrificios previos. La gente tiende a pensar en esta idea como excusa para no esforzarse por lo que quiere. Las empresas de apuestas y lotería ganan hoy millones de dólares convenciendo a la gente de que esto es posible, pero la realidad es que es poco probable que te conviertas en millonario a través de este camino.

Tampoco es una buena idea que consigas dinero fácil convirtiéndote en delincuente, debido a que las probabilidades de que te metas en problemas graves son altísimas.

Lo mejor es responsabilizarse y tener conciencia de lo que quieres y cómo puedes lograrlo. Saber que debes esforzarte y tomar todas las decisiones que sean necesarias para que el dinero llegue a ti en abundancia y saber administrarlo para que no se vaya fácil.

No existe una puerta mágica que te llevará al cofre del tesoro ni el dinero caerá del cielo; si no lo trabajas no lo ganarás y si no lo cuidas desaparecerá antes de que lo pienses.

14. ¿No es necesario ahorrar ahora porque cuando esté viejo la jubilación o la pensión serán más que suficiente para vivir?

Respuesta: Falso, nunca pongas en manos de los demás tu tranquilidad en el futuro y menos si hablamos de tu vejez. Ocúpate de tus años dorados ahora y ahorra para vivir la vida que te mereces cuando llegues a esa edad.

Actualmente, muchos países entran en crisis y su futuro es incierto, quizás en unos años la mala administración de algunos gobiernos y la corrupción impidan que puedas disfrutar de una pensión o jubilación digna.

Lamentablemente, hay millones de personas mayores en situación de pobreza o de calle porque en el pasado no aplicaron un plan de ahorro eficiente y hoy los gobiernos le dan la espalda violando todos sus derechos.

Imagina lo triste que sería que tuvieras que trabajar para comer siendo una persona mayor y, peor aún, que nadie te dé trabajo por tu vejez.

15. ¿Con el divorcio no tengo que pagar las deudas que adquirí cuando estaba casado?

Respuesta: Falso. Si estás esperando zafarte de las cuentas pendientes a través de un divorcio estás equivocado. Este documento solo legaliza la separación de la pareja, no elimina las deudas que hayan adquirido cuando estaban disfrutando de las maravillas del amor.

Lo mejor es que lleguen a un acuerdo de cómo pagar las deudas y se repartan la carga, porque si tu expareja se niega a pagar, al que buscarán es a ti para que lo hagas.

También trata de que la honestidad se imponga y hagan una revisión de lo que tú compraste para ti y lo que la otra persona compró para su beneficio personal. Pongan las cartas sobre la mesa, cada quien debe pagar por los gastos que adquirió para beneficio personal.

16. ¿Si me declaro en quiebra no tengo que pagar más deudas?

Respuesta: Declararse en quiebra sin verdaderamente estarlo es un delito en muchos países del mundo. Además, al hacer esto tu reputación financiera estará manchada para toda la vida porque tu historial exhibirá ese estado a pesar de que hayan pasado años, y

¿quién presta dinero o hace una sociedad con alguien que estuvo en quiebra?

Declararse en quiebra es la última y más desagradable medida que puedes asumir. No trates de escabullirte de las deudas a través de este recurso porque si las entidades financieras o personas a las que le debes se enteran de que mentiste, pueden encerrarte en la cárcel.

17. ¿Si hago un testamento es probable que muera más rápido?

Respuesta: Falso, no creas en supersticiones, firmar un testamento no una sentencia de muerte. A pesar de que la gente evada hablar de la muerte y más cuando se trata de la propia, es saludable que hagas un testamento que defina todos los bienes que tienes y sus beneficiarios.

Muchas familias se dividen cuando llega este terrible momento ya que, cegados por el dolor de la pérdida de una madre, un padre, un tío o un hermano, también están velando por la repartición de bienes de la persona difunta.

Existe la posibilidad de que alguno de los herederos crea que la repartición no es justa y comience una batalla campal entre familiares que desencadene discusiones, malos tratos y hasta separaciones de por vida. Ahórrale a tu familia este mal episodio y aplica tu propia justicia antes de morir asignándole a cada quien lo que consideras que se merece.

18. ¿Usar tarjetas es más útil que el efectivo?

Respuesta: Falso, el efectivo siempre te brindará más libertad que las tarjetas de crédito o débito a la hora de una compra. Piensa qué podrías hacer si necesitas comprar algo y no tienes un telecajero cerca o los puntos de venta del establecimiento están dañados; probablemente no podrías comprar lo que buscas a menos que pidas dinero prestado a otra persona cercana, pero esto es poco probable porque seguro ella no tendrá tanta liquidez para ambos.

Lo mejor es que siempre consideres llevar encima un monto de dinero con el que puedas defenderte en caso de algún imprevisto con las tarjetas. Con esto no te estamos diciendo que todos los días andes con altas sumas de dinero en la cartera, solo una cantidad estándar. Recuerda que una persona precavida vale por dos.

19. ¿Los vicios hacen que mis días sean más fáciles y no me dejarán en bancarrota?

Respuesta: Falso, consumir cualquier tipo de sustancia, sea alcohol, cigarrillos o cualquier otra droga lícita o no, te afecta en dos sentidos: deterioran tu salud y deterioran tus cuentas.

Haz una sencilla cuenta donde sumes todo lo que gastas al mes comprando aquel vicio que, según tú, hace más fácil el ajetreo del día a día. Cuando obtengas la cantidad total te darás cuenta que es un montón de dinero que estás botando a la basura al cabo de los años.

Ahora piensa que además de ese montón de dinero que has botado, tengas que agregarle gastos médicos por alguna enfermedad que haya, directa o indirectamente, provocado aquel vicio.

Con esto no te estamos diciendo que no puedas tomar una copa en eventos sociales, solo te aconsejamos que no te conviertas en esclavo del vicio.

20. ¿Es mejor tener el dinero en el banco o bajo mi colchón?

Respuesta: Ya hemos dicho que tener dinero en efectivo puede darte liquidez a la hora de alguna compra imprevista o cuando los cajeros y puntos de venta no sirvan, pero si has ahorrado una suma considerable de dinero es mejor que escojas un banco de confianza para depositarlo.

Además, algunos bancos pagan a sus clientes cierta cantidad de interés mensual por tener una cuenta con ellos y esto es un beneficio que ayudará a que los números de tus cuentas suban.

Evalúa qué tipo de cuenta te conviene más, cuáles tienen más beneficios y cuáles son menos costosas de mantener. Lo ideal es que tengas menos de la mitad en efectivo y el resto en el banco; por supuesto, esto dependerá de las cosas que compres y el nivel de vida que tengas.

21. ¿Es una buena idea tomar una hipoteca de una casa que pueda pagar en 30 años?

Respuesta: Falso, como hemos aconsejado antes, lo mejor es que pagues las deudas lo más pronto posible. Existen dos riesgos en este tipo de negociación: el aumento de las tasas a través del tiempo y la incertidumbre de tener dinero en el futuro para cancelarlas.

Existe hipotecas con intereses que no son fijos; por lo general, la entidad financiera las aumentará a medida en que pasa el tiempo y la inflación crece en tu país. Otro elemento en contra es que si de igual manera puedes pagar estas tasas a lo largo de los años, el bien hipotecado te costará dos y hasta tres veces el precio inicial.

También puede suceder que te quedes sin dinero en algún momento de tu vida y se te haga imposible pagar mensualmente la deuda de tu hipoteca. Puede ocurrir alguna emergencia, un incidente, un evento inesperado que te arrebate por completo todo tu dinero. En estos casos, los bancos pueden concederte otro plazo de tiempo, pero recuerda que ese plazo te quitará más dinero de tu bolsillo.

Qué hacer después de obtener el éxito económico

Llega un momento en la vida en que lo que hemos cosechado con mucho esfuerzo y por mucho tiempo da sus frutos, increíblemente dulces por demás decirlo.

Si estás en ese maravilloso punto de tu vida en donde no tienes deudas pendientes, has adquirido la vivienda que tanto soñabas para ti y tu familia, tienes un robusto respaldo económico y fondo de emergencias para cualquier imprevisto y, además de todo esto, tus ingresos son mayores que tus egresos, gracias al estilo de vida consciente y responsable que has adoptado, ¡felicidades, lo has logrado!

Ahora que eres económicamente estable y has ahorrado una cantidad de dinero que hace que puedas cubrir todas tus necesidades sin preocupaciones y, además, puedas permitirte aquellos deseos que antes no podías, es un buen momento para pensar en las mejores cosas que puedes hacer con tu dinero, que son: invertir, dar y divertirte.

Busca la mejor forma de invertir el dinero que tanto has trabajado, dado que esta es la manera más inteligente para seguir obteniendo ganancias sin estancarte ni perderlo todo. Investiga cuáles son las opciones más rentables para invertir en tu país, habla con expertos y personas que ya están dentro de ese negocio; también investiga cuáles serían los posibles riesgos y prepárate para tomarlos.

La mayoría de las personas millonarias tiene parte de su dinero invertido en importantes proyectos y empresas que a largo plazo producen jugosas ganancias que aumentarán aún más su fortuna.

Lo importante para dar este paso es tener los cinco sentidos bien abiertos, que tengas plena confianza en lo que vayas a hacer y no te dejes paralizar por el miedo. Si eres nuevo en esto de las inversiones, comienza con un capital pequeño que no afecte tu estilo de vida. Más adelante y, dependiendo de cómo te vaya, toma la decisión de invertir más.

La segunda manera de usar tu dinero y estar bien contigo mismo es dándolo a causas benéficas que creas necesarias para mejorar este mundo. Hay muchas personas que son tan codiciosas que creen que regalar algún dinero a grupos de ayuda, espirituales, ambientalistas o que buscan el bien de los animales es una pérdida de tiempo y dinero.

La verdad es que no lo es y te invitamos a que descubras las satisfacciones que te puede brindar el dar sin esperar nada a cambio.

Es cierto que muchas personas cambian después de que obtienen grandes fortunas, pero lo mejor es que tú mantengas los pies en el suelo y reconozcas tus orígenes que, quizás, fueron humildes y conoces en carne propia las necesidades que atraviesa mucha gente en condición de pobreza o vulnerabilidad.

Si vienes de abajo y has conseguido tu fortuna a punta de sudor y lágrimas sabes mejor que nadie que recibir ayuda de otro cuando te sientes desanimado, oprimido y sin salida es un maravilloso regalo. Date la oportunidad de ayudar a los demás y saber que estás contribuyendo a hacerle la vida un poco más fácil a personas que realmente lo necesitan.

Sin duda, una de las mejores acciones que puede hacer el ser humano es ayudar al prójimo, no importa si es mucho o poco lo que puedas dar, el necesitado siempre te agradecerá el gesto de consideración y colaboración.

Muchos empresarios, artistas, religiosos, filósofos y científicos multimillonarios han sido reconocidos por su buena calidad humana y disposición de ayudar. Ellos han tenido en sus manos grandes fortunas y descubrieron que el dinero no solo es bueno para gozar de libertad personal, sino que también es un excelente aliado para construir y materializar buenos propósitos que mejoren la vida de mucha gente y el mundo en el que todos vivimos.

Si en tu vida no falta nada, anímate a ayudar a otros que le faltan muchas cosas; quizás esta acción haga que te sientas orgulloso contigo mismo porque ahora tienes el poder de ayudar a muchos que están deprimidos, económicamente quebrados y desesperanzados tal como quizás lo estuviste tú una vez en el pasado.

A veces el agradecimiento y la sonrisa de aquellos que ayudas son gestos mucho más valiosos y alimentan más el alma que lujosas joyas, exóticos viajes, autos último modelo o inmensas mansiones.

La tercera alternativa, pero no menos importante, para usar sabiamente tu dinero es emplearlo para tu propia diversión. Este sentimiento no puede faltar en la ejecución de los consejos anteriores porque sencillamente si no la estás pasando bien con lo que estás haciendo, no vale la pena hacerlo más.

Después de todo el esfuerzo que has hecho por construir tu riqueza, es justo que ahora te puedas permitir algunos gustos.

Con esto no te estamos recomendando que lo gastes todo cumpliendo los sueños más ambiciosos que te quitaban el aliento en el pasado; estamos diciendo que ahora que has adquirido todo este conocimiento sobre control de dinero y has hecho tantos sacrificios para ser una persona económicamente solvente puedes ser menos restrictivo contigo mismo y darte algunos cariñitos de forma responsable.

Ahora que sabes todo esto, no hay excusa para que no seas una persona completamente libre de preocupaciones porque ya sabes cómo poner tu dinero a trabajar y a generar beneficios. La recomendación final es que no veas el dinero como el objetivo, velo más bien como un instrumento para lograr tus aspiraciones y sueños, como aquella herramienta que te ayudará a salir del fondo y a gozar de la vida que tanto te mereces.

Gracias.

Por último, te agradecería mucho si pudieras dejar un comentario positivo sobre este libro en la plataforma donde lo adquiriste, ya que eso ayudará a que otras personas se puedan beneficiar del mismo.

Y por supuesto, como ya mencioné antes, regístrate en:

www.alcanzatussuenos.com/ahorro

ya que así podrás recibir información adicional muy valiosa para ayudarte a alcanzar tus objetivos financieros.